ASSOCIATION FRATERNELLE

DE LA

LITTÉRATURE

ET DES ARTS

Solidairement

AVEC TOUTES LES PROFESSIONS QUI S'Y RATTACHENT.

PRIX : 20 CENT.

PARIS,

CHEZ TOUS LES MARCHANDS DE NOUVEAUTÉS.

1848.

Un projet de Statuts de l'Association Fraternelle paraîtra prochainement.

Les Artistes qui adhèrent aux principes de l'Association peuvent, dès à présent, en prendre connaissance, *le lundi et le jeudi, de neuf heures à midi*, rue Le Pelletier, 25, chez M. A. Bourdon, délégué à cet effet, et chargé de recevoir, *par écrit et franco*, les adhésions et observations relatives à l'Association.

ASSOCIATION FRATERNELLE

DE LA LITTÉRATURE

ET DES ARTS

Solidairement avec toutes les professions qui s'y rattachent.

————————

I.

De la Société.

Les principes élémentaires d'équité et de justice ne doivent pas rester plus longtemps enfouis sous les pierres tumulaires d'une morale et d'un droit convenus. — L'ère de la vérité philosophique et sociale est arrivée.

La vieille société s'écroule sous le poids même des iniquités qui la surchargent. C'est en vain qu'on la replâtre avec le sang. Les défaites du droit, comme celles de la liberté, leur ont toujours imprimé un nouvel élan vers le but fatidique: la conquête de l'univers.

Jusqu'à ce jour, il n'avait été imposé de devoirs qu'aux individus envers la Société. Les bras et le sang de la plus grande partie de ses membres étaient exploités au profit d'une autre fraction. La Révolution vient de proclamer la mutualité des devoirs: devoirs de la société envers l'homme, devoirs de l'homme envers la société.

Le premier de tous les droits, dans une société où la production est la *raison d'être* du plus grand nombre, le droit au travail doit être reconnu imprescriptible et sacré.

Mais ce droit n'est que la perpétuation des iniquités sociales, s'il se manifeste seulement par l'aumône, sous quelque forme qu'elle se présente.

Le principe de la charité est contraire au droit naturel. C'est aussi la négation du droit au travail. Toute société qui l'accepte comme une de ses bases fondamentales est criminelle et suicide, et c'est à tort qu'elle se croit encore fondée à se révolter, par la répression, contre le droit naturel, le jour où les prolétaires, las de faim, font entendre ce cri suprême: « Vivre en travaillant, ou mourir en combattant! »

Le droit au travail ne peut s'exercer qu'au moyen de la solidarité de tous les membres des familles productives et de toutes les familles entre elles.

La solidarité devrait être décrétée par l'Etat. Car l'Etat, dans une République, ce doit être surtout et d'abord la raison active des minorités intelligentes et progressives.

Mais l'Etat, le plus souvent, vit de l'abrutissement et des préjugés des masses ; il manque à ses devoirs d'initiative ; il n'a ni foi ni courage. Il recule devant les clameurs de l'égoïsme répétées par les mille échos de l'imbécillité humaine.

C'est à cette heure de doute et d'épreuves que la scène de ce monde appartient aux *factieux* d'abnégation, de dévoûment et de patriotisme.

Vainement, l'égoïsme et la misère fanatique de loyauté s'efforceront d'étouffer dans la calomnie et dans le sang les hommes généreux qui montrent aux déshérités les signes de leur rédemption.

L'aveuglement fatal des masses ignorantes ou prévenues se dissipera. Et ce ne sera plus pour les attirer dans l'abîme qu'elles accepteront les mains fraternelles que leur tendent les minorités intelligentes, mais pour s'élever avec elles à la hauteur de leurs droits.

II.

Des Artistes et des Arts.

La République des Lettres, proclamée depuis plus de trois mille ans, ne saurait aujourd'hui demeurer un vain mot.

L'oligarchie créée par l'individualisme a fait son temps. Les gens de lettres et les artistes doivent aussi pouvoir vivre de leur intelligence comme l'ouvrier vit de ses bras, le soldat de son épée.

Et cependant des Malfilâtre, des Gilbert, des Hégésippe Moreau, agonisent encore sous les étreintes de la misère. La librairie expire, frappée autant par l'indifférence nationale que par la reproduction étrangère ; les théâtres sont à l'agonie. Eux aussi, ils portent la peine, les uns de la camaraderie, les autres de l'ostracisme qu'ils ont fait peser autour d'eux.

En présence de cette désolation universelle dans l'art, à la pensée des mille douleurs qui bruissent au fond de la conscience de tous, douleurs du génie qui s'éteint dans l'impuissance et la faim, où donc est celui d'entre vous, littérateurs et artistes, qui voudra relever le drapeau du passé : *Chacun pour soi, chacun chez soi ?....*

La Révolution doit effacer, pour les souffre-douleurs de la gloire, ces mots fatals de l'Enfer du Dante « Sans espoir ! » Elle jettera dans l'immensité de leur affliction le premier rayon d'espérance, car la société donnera aide et protection à tous les germes de talent ; elle facilitera à ceux qui ont le génie sans la science les moyens de l'acquérir et de porter des fruits.

Il est du devoir d'une nation d'exalter l'art chez ses enfants, et d'en faciliter le développement. Un génie qui s'éteint dans l'inanité, c'est un rayon de moins à sa gloire ; c'est pour elle une tache et une dégradation. La société, lorsqu'elle ne permet pas à tout être intelligent de remplir sa fonction sur la terre, commet une iniquité. Et combien de fois cette iniquité n'a-t-elle pas été un vol au préjudice du genre humain !

La République doit offrir sa protection à tous les débuts. Le génie ne se développe qu'au soleil, et nul ne saurait limiter le temps nécessaire à sa maturité.

Mais le droit au travail ne peut être exercé qu'au moyen de l'organisation du travail même.

L'organisation n'est pas une entrave à la liberté ; elle en est, au contraire, la garantie.

La liberté pour l'artiste, c'est l'indépendance de l'individualité, qui est l'indépendance de l'art même et la condition de son originalité.

La liberté, cependant, n'exclut pas le concours de plusieurs vers un même but ; mais il doit être librement consenti, soit dans l'intérêt de l'art, soit dans l'intérêt de l'étude, jamais en vue d'une exploitation individuelle.

Les plus belles œuvres de Michel-Ange et de Raphaël, les frises du Parthenon, le fronton du Panthéon, le bas-relief de Rudde, n'ont rien perdu du caractère particulier de l'artiste et de leur valeur artistique, par cela seul que les élèves ont aidé les maîtres dans l'exécution de ces chefs-d'œuvre.

Les ouvrages publiés par les Bénédictins n'en ont pas moins de mérite pour avoir été l'œuvre de plusieurs, et pour être signés d'une corporation tout entière.

Tels ouvrages de l'un de nos plus féconds romanciers modernes n'ont pas été non plus dépréciés, comme œuvre littéraire, le jour où le public a su qu'ils étaient dus, en partie, à la plume d'un ou de plusieurs collaborateurs parfaitement anonymes.

La liberté, ce n'est donc pas le droit de produire par exclusion ; ce n'est pas non plus le droit de produire à outrance. La liberté de chacun s'arrête où commence le droit d'autrui.

Sans doute, la production par tous ou par le plus grand nombre possible doit détourner en partie le cours du Pactole littéraire et artistique ; mais le génie doit être placé au rang qui lui appartient, et les prétentions de la médiocrité s'arrêteront au droit consacré par la plus rigoureuse équité.

Le jour où la vie de chacun est assurée, l'incapacité intrigante cède le pas au talent. C'est là un sacrifice que la mère commune attend de ses enfants.

Au surplus, l'application du principe de gratuité à l'instruction publique doit donner un nouvel élan aux productions littéraires et artistiques. Il pourra dès lors y avoir place pour tous les gens de lettres et artistes.

Les intérêts de nos aînés en services et en gloire seront donc sauvegardés.

La société nouvelle n'est pas exclusive ; elle appelle tous ses membres à concourir à la gloire de la République, chacun selon ses facultés et dans la limite de ses forces.

La position des littérateurs et des artistes est toute faite. Ils sont les aînés de l'humanité par la science, la poésie et l'expression. C'est à eux qu'il appartient d'entrer les premiers dans les voies de la rédemption sociale. L'humanité tout entière les y suivra.

La Révolution, au 24 février, a proclamé des droits qui tôt ou tard seront consacrés par la nation.

Dans l'intérêt de l'art, comme pour satisfaire à une politique bien entendue, les encouragements de l'Etat viendront trouver l'Association Fraternelle.

La République n'a pas les mêmes conditions d'être que la monarchie.

La République doit ASSOCIER pour RÉGNER.

III.

Instruments de Travail.

L'association poursuit un double but. Elle tend :

1º A assurer le droit au travail ;

2º A consacrer la propriété littéraire et artistique.

Mais la production implique l'idée de possession des instruments de travail, ou tout au moins la libre disposition de ces instruments.

Ce sont :

La presse,

La librairie,

Le théâtre,

Le capital ou le crédit.

Le cautionnement, le timbre et généralement toutes les entraves fiscales, sont attentatoires à la liberté, au travail et à la propriété.

Les mesures préventives appliquées à la pensée équivalent au monopole, sinon à l'interdiction complète de la presse.

Le cautionnement est, dit-on, la garantie de l'Etat par les amendes. Mais la loi est une ; elle est égale pour tous, et le délit est le même pour tous les départements. Pourquoi des distinctions, alors, dans les mesures préventives ?

Pourquoi, moyen préventif, le cautionnement n'est-il pas exigé du libraire et de l'imprimeur qui, par la publication de livres ou de brochures, sont exposés à se voir appliquer les *mêmes peines* que le gérant d'un journal ?...

Mais non ! le masque est grossier. On veut étouffer la grande voix du journalisme qui clame sans cesse contre les iniquités sociales qu'une animosité impitoyable dans son égoïsme, a la prétention de perpetue. On veut que l'écrivain subisse la loi du capital âpre au lucre et passionné de quiétude, et que l'idée soit fatalement étouffée sous le piédestal du veau d'or.

L'amende, qui tue ce qu'elle frappe, sinistre avertissement donné au spéculateur, n'atteint jamais le vrai coupable.

D'ailleurs, c'est la confiscation, et la confiscation a été rayée de nos codes.

Les intrigants politiques, les prétendants et leurs agents qui appellent sur le pays toutes les horreurs de la guerre civile, sont frappés *en leur personne seulement*.

Les écrivains qui auront diffamé, ou qui auront signalé les prévarications ou les trahisons d'hommes ou de partis encore puissants, les écrivains que l'opinion publique justifie le plus souvent, sont frappés *en leur personne* et DANS LEUR FORTUNE.

Et cependant quelle différence entre le crime des uns et le délit des autres !

Les peines doivent être personnelles.

La famille ne saurait être solidaire pour les fautes ou le patriotisme même de son chef.

Vous avez récompensé les fils de soldats pour des actions de leurs pères : vous avez été plus que justes. Mais lorsque vous dépouillerez le fils de l'homme de lettres pour le délit commis par son père, ne craindrez-vous pas de devenir iniques ?

Justifierez-vous cette monstrueuse inégalité par la seule différence de l'uniforme ?

La gloire des Corneille, des Molière, des d'Alembert, des Voltaire, des Lamartine, doit-elle se voiler en présence de la gloire des Marceau, des Désaix ou des Lannes ?

Les uns font la patrie grande ; les autres défendent la grandeur de la patrie.

Le sabre ne doit pas jouir de priviléges refusés à la science et au génie.

Mais nous ne demandons pas de priviléges. Nous protestons contre l'inégalité ; nous réclamons l'exercice des droits les plus élémentaires ; nous sollicitons des garanties contre la ruine de nos familles.

Le système pénal de l'amende ne peut être maintenu, même provisoirement, sous la République, car il est attentatoire :

A la propriété,

A l'égalité,

A la liberté,

Au droit de vivre,

A l'équité,

A la morale,

Au sens commun ;

Il est absurde, en un mot.

Nous en appelons à la conscience publique.

« C'est en vain, a dit Esquiros, que l'on s'efforcera de mettre la lumière sous le boisseau, les rayons de la lumière brûleront le boisseau. »

L'égalité devant la justice, admise pour la presse, tend à améliorer sans doute la position des gens de lettres, typographes, etc., un plus grand nombre devant participer à la production. Toutefois, cette amélioration serait précaire si elle devait constituer un monopole en faveur de quelques-uns seulement. Il s'agit de constituer le droit de tous et de ne laisser en dehors de ce droit que les personnes dénuées de bonne volonté.

Chacun doit donc pouvoir disposer à son tour de l'instrument de travail dans des limites déterminées.

Limiter la production individuelle, nous l'avons dit, ce n'est pas porter atteinte à la liberté d'autrui, c'est, au contraire, stipuler en faveur de la liberté de tous.

Nous ne voulons point exclure le talent au profit de la médiocrité ; nous désirons seulement que le génie ou le talent ne produise que dans la limite de ses forces, et qu'après avoir plané dans les hautes sphères de l'intelligence, il ne puisse pas spéculer sur sa gloire, et se traîner dans les ruisseaux fangeux de la calomnie ou de la diffamation à l'endroit de l'histoire, des classes, des partis et des hommes.

Ce que nous voulons, c'est de l'honneur dans l'art, c'est la marche progressive de l'art, c'est la perfectibilité humaine développée par l'art.

Voilà pour la presse.

En ce qui concerne la librairie, nous avons peu de chose à dire. La reproduction étrangère et l'abus des feuilletons l'ont tuée. Aujourd'hui pas un libraire n'éditerait une œuvre de science, d'art ou d'imagination.

L'art, la science, l'imagination doivent-ils être à la merci des terreurs du mercantilisme ?

Lorsque le commerce ferme sa caisse, Béranger, Lamartine, Georges Sand, Victor Hugo, Lachambaudie, Lamennais, doivent-ils brûler leur prose, livrer aux vents les fleurs de poésies recueillies par eux ?

Les arts ne doivent relever que d'eux-mêmes, et c'est les dégrader, c'est les anéantir que faire dépendre leurs conditions d'être des spéculations, des terreurs ou de la mauvaise humeur de la boutique.

Parlerons-nous des théâtres ?

Chacun sait dans quelle situation les ont laissés l'individualisme et la concurrence. Après de si douloureux désastres, devra-t-on faire de nouvelles expériences ? N'est-ce pas assez de misère, de ruines et de faim ?...

Nous appelons la solidarité.

Des priviléges ont été récemment accordés. A cet égard, on ne pourra invoquer des droits acquis. D'autres priviléges vont bientôt expirer. Point de concessions nouvelles ! Nous protestons contre toute espèce de privilége. L'intérêt général ne doit plus être sacrifié à l'intérêt particulier.

Le bénéfice de l'exploitation doit revenir aux travailleurs.

Il en sera de même pour les *bibliothèques communales*. Les gens de lettres et les typographes ne sauraient être appelés à l'insigne honneur de faire les frais de la reconnaissance de nos hommes d'Etat à l'endroit de leurs libraires.

La République des lettres sera l'éditeur des œuvres de ses membres. Elle en réalisera les bénéfices et facilitera à la science, à la poésie, à l'imagination les moyens de se produire. L'idée féconde, le livre instructif n'ayant plus besoin du *laissez passer* inintelligent du spéculateur, la production entrera dans la grande voie ouverte à la perfectibilité humaine.

Il nous reste à parler du *capital*.

Le capital est sans doute un élément essentiel dans une association qui aboutit à l'industrie. Cependant il n'est que secondaire si nous parvenons à le remplacer par la réciprocité du crédit et l'association équitable de tous ceux qui vivent des arts.

Pourquoi non?... Les typographes ne formeront-ils pas quelque jour une association fraternelle avec le principe de la solidarité.

L'homme de lettres fait l'avance du temps que nécessite la production du manuscrit et la réalisation du produit. Les autres artistes et industriels solidaires doivent le même sacrifice, s'ils participent aux bénéfices. Il en est de même des fournisseurs.

Ainsi, le crédit n'est pas un élément vital dont l'association doive se croire privée.

Sans doute, dans l'état actuel de la société, le crédit même exige l'emploi du numéraire. Mais l'association a le droit d'espérer que le gouvernement lui viendra en aide par les crédits spéciaux réservés aux encouragements et secours littéraires, et qu'il ne lui refusera pas une part dans les fonds votés pour encourager les associations industrielles. La blouse seule ne constitue pas le prolétaire. Combien de gens de lettres, pour nous servir d'une belle expression de M. E. Souvestre, croisent leur habit sur leur misère !...

D'ailleurs, nous ne ferons pas aux capitalistes l'injure de les croire ennemis systématiques de l'art. Nous n'invoquons pas de Mécènes. Vis-à-vis du capital, nous nous plaçons au niveau de l'industrie, et nous lui offrons ses bénéfices et ses garanties. Nous sommes trop convaincus que la gloire de la France tient la première place dans le cœur des Français pour supposer que, dans leur confiance, ils placeront jamais l'artiste plus bas que l'industriel.

IV.

Organisation.

L'association du travail intellectuel demande à être fondée sur des bases larges, équitables, rationnelles. Elle doit classer chaque capacité au rang et dans l'ordre qui lui appartiennent, sans exclusion aucune.

Admettons la possession des instruments de travail. Il s'agit dès-lors de répartir le travail même.

L'organisation implique forcément l'idée de classement et par genre et par mérite ; il reste ensuite, dans la fonction , à harmonier les éléments nécessaires et les capacités diverses.

L'association se divise donc naturellement par sections, selon les différentes natures d'arts et d'industries qui s'y rattachent.

Chacune des sections doit également se grouper volontairement par genres dont les fonctions et les intérêts ne seraient pas identiques.

Vient enfin et nécessairement la classification élective par catégories de capacités déterminées d'après la production.

La production étant le seul titre, et sa nature laissée au libre arbitre de chacun, les diverses classifications sont essentiellement mobiles et complexes.

Il est des arts, l'art dramatique par exemple, où la classification hiérarchique est de première nécessité. La place de chacun dans les catégories, en fin de la répartition, ne peut être marquée qu'en vertu d'une élection soumise à un mode réglementaire particulier à chaque spécialité.

La classification doit être basée à la fois sur le mérite et les services rendus. L'exercice d'un art, quelle que soit la forme qu'il affecte, est une production.

La production est à la fois un droit et un devoir pour l'individu; mais l'intérêt individuel a pour limites l'intérêt de l'art et de l'association, c'est-à-dire l'intérêt général.

Conséquemment, à côté du droit de produire en vue de la gloire et du profit individuels, il peut y avoir, dans certains cas, le devoir de produire collectivement.

La collaboration à une œuvre particulière doit être facultative et librement consentie. Il est tels ouvrages d'ailleurs qui ne peuvent être que le résultat combiné de plusieurs capacités distinctes.

Ainsi, nul ne peut être astreint à travailler à l'œuvre conçue par un autre; cependant, l'association peut, tout en respectant les droits du travail, ou de l'idée preconçue, inviter à la fusion de deux projets analogues en vue du mieux possible, et pour éviter la duplicité de production.

Chaque sociétaire est tenu de produire selon son aptitude. Un minimum et un maximum de production peuvent être déterminés.

Le droit au travail est imprescriptible.

Toute production doit être jugée par les délégués de l'association, élus à cet effet.

L'association pourra, dans un intérêt général, préférer la production supérieure, repousser même la production médiocre. Mais, alors, le sociétaire dont le travail ou le service n'aura pas été accepté, n'en conservera pas moins sés droits à la production et ses devoirs envers l'association. Une indemnité lui sera allouée. Toutefois, cette indemnité sera de préférence offerte au moyen d'un travail productif.

Le rejet de la production n'entraînera pas davantage la déchéance de la participation relative aux bénéfices réalisés par l'association.

Tout refus ou toute abstention de concours est au contraire une renonciation implicite à ces bénéfices.

A côté des intérêts de l'art et des droits de tous, garantis contre les abus de l'individualisme, l'association offre des garanties qui assurent l'avenir de ses membres.

Dans le milieu où il a vécu jusqu'ici, tel talent exceptionnel peut craindre d'être arrêté brusquement au début de sa carrière par un de

ces mille événements dont tant d'artistes célèbres offrent de douloureux exemples. On comprend dès-lors qu'il songe à se mettre à l'abri
de telles éventualités, non seulement dans sa vieillesse, mais encore,
dans la force de l'âge.

Les conditions d'être de l'artiste se trouvant tout d'abord changées
par le seul fait que la prévoyance de l'association se substitue à la prévoyance de l'individu, ses exigeances seront *relatives à la garantie* qu'il
trouvera dans la solidarité.

L'association aurait encore cet autre avantage d'économiser le temps
précieux des hautes capacités en utilisant les élèves et tous ceux que
le génie n'aurait pas visités. Chacun pourrait ainsi reconnaître et acquérir les qualités qui lui manquent, et de véritables écoles artistiques
seraient fondées.

Que d'idées fécondes perdues d'ailleurs par l'isolement !

Que de chefs-d'œuvre enfouis dans les cartons particuliers, parce que
nul ne peut en apprécier la valeur.

Que d'œuvres imparfaites parce que des conseils éclairés ont manqué à leurs auteurs !

Que de temps dépensé à traiter vingt fois sans succès des sujets iso-
lément, tandis que le contact de plusieurs intelligences eût obtenu des
résultats féconds.

Au lieu d'user sa vie à colporter individuellement de journal en
journal, d'un éditeur à un autre, du Théâtre-Français au boulevart
du Temple, des manuscrits qu'on ne veut pas, qu'on ne peut peut-être
pas examiner, n'est-il pas dans l'intérêt de l'art et des artistes de
s'unir, d'élire un tribunal de pairs, qui les juge, les conseille, les
guide, et s'occupe des intérêts de chacun devenus les intérêts de tous ?

Que d'artistes aussi, de tout genre et d'un mérite réel, perdus dans
les derniers rangs de la foule, à qui il n'a manqué pour briller aux premiers rangs, que des juges éclairés et impartiaux, que la possibilité
même d'avoir des juges !

Quel intérêt encore les artistes et ceux qui font valoir les produits
des arts ne trouveraient-ils pas dans un vaste entrepôt de toutes les
productions individuelles, où ces derniers auraient à leur disposition,
toujours classées selon le genre et le mérite, les œuvres de tous, selon
les besoins de leur exploitation ?

Ne serait-ce pas déjà une garantie première de trouver sur-le-champ
chaque ouvrage jugé, classé, mis à prix par une commission compé-
tente? Et la garantie serait d'autant plus grande que cette commission
pourrait, dans certains cas, recevoir à corrections, associer un collabo-
rateur pour corriger, faire fondre plusieurs projets analogues pour en
tirer tout le parti possible, et enfin traiter pour les œuvres à faire, en
les livrant à la collaboration de capacités spéciales.

La science et l'art acquerraient bientôt cette unité dont l'absence
fait le désespoir de ceux qui cherchent à s'instruire, et l'étude perdrait
alors tout ce qu'elle a d'ardu et de repoussant.

L'organisation intellectuelle par l'association est la source de tous
les progrès.

V.

De la Propriété.

La propriété, c'est le vol.

La hardiesse ou plutôt l'étrangeté de cet axiôme socialiste a soulevé l'indignation de tous les *loyalistes de l'idée reçue.*

Nous n'avons pas à en défendre l'exactitude sous le rapport purement social.

Mais nous dirons :

La science et la philosophie ont pour mission la perfectibilité humaine.

La science et la philosophie sont, quant à la révélation, le privilége de quelques-uns ; elles sont en même temps, pour l'appropriation intellectuelle, *la propriété de tous*, car la vérité acquise, c'est le jour de la pensée, et ce jour ne peut pas plus être enlevé aux yeux de l'esprit que la lumière du soleil aux yeux du corps.

Si donc la vérité révélée par chacun doit être, par les tendances mêmes de l'humanité à la perfectibilité continue, *la propriété de tous*, nous sommes forcés de reconnaître que l'axiôme dont il s'agit souffre au moins une exception, et que c'est de la science, des arts et de la littérature qu'on peut dire, en pensant aux entraves que notre organisation sociale apporte à la diffusion de la pensée :

La propriété, c'est le vol !

La pensée d'un citoyen devrait appartenir gratuitement à tous.

Toutefois,

Dans cette même société, où les productions du sol sont, par suite d'institutions contraires à la loi naturelle, la propriété de quelques-uns, où l'homme a pour condition absolue d'être la possession ou le travail, il est évident que la vérité nouvelle, acquise par l'étude et la méditation, devient le résultat d'une profession, et que ce résultat est une propriété, de même que celui que produit l'exercice de l'agriculture ou d'une industrie.

Mais la propriété de l'art est restreinte, car, ainsi qu'il vient d'être dit, le jour de l'esprit appartient à tout ce qu'il frappe ; il se réfléchit et s'approprie à l'infini par la voie orale, par la presse et la reproduction, partant que l'expression ne soit pas identique à celle du génie créateur.

Qu'est-ce donc déjà que la propriété littéraire avec les moyens de diffusion auxquels la nature et la loi ne permettent pas d'apporter d'obstacles ?

Et ces obstacles ne semblent-ils pas solliciter la renonciation à la propriété littéraire, et n'en conférer qu'une seule, celle de la gloire !

Mais dans une société, où la propriété foncière, par le seul fait de l'occupation, est sacrée quelle qu'en soit l'origine, ce serait créer en faveur de la propriété matérielle une inégalité contre laquelle doit protester la propriété intellectuelle, au nom de la suprématie de l'esprit, au nom de tout ce que l'intelligence a de providentiel sur la terre.

Le cultivateur qui possède une chaumière, à quelque titre que ce soit, la lègue en mourant à son fils; celui-ci transmet l'héritage paternel à ses enfants, et la propriété parcourt ainsi, par la transmission *légale,* toute l'étendue de l'échelle descendante.

Et le poète, et le savant, et l'artiste?

Quel est leur sort?... Ils n'ont pas même celui du salarié. *Toute peine mérite salaire,* dit un vieil axiôme de jurisprudence. Qui garantit celui de l'artiste? Après bien des études, des recherches, des peines infructueuses souvent, après tout ce temps qui représente aussi un capital, il se met à l'œuvre... Mille circonstances se réunissent pour annihiler le fruit qu'il a le droit d'espérer de ses labeurs. Subissant toutes les chances du travail improductif, livré à toutes les éventualités de la spéculation, n'a-t-il pas droit à l'intégrité des produits du travail qui réussit? Sa propriété n'est-elle pas aussi sacrée que toutes les autres?... Et cette propriété, mille exemples le confirment, n'arrive généralement à sa valeur véritable que lorsque celui qui l'a créée n'existe plus.

Quelle part la législation a-t-elle fait à ces Sysiphes de la possession?...

Dès la seconde génération, dix ans, vingt ans après leur mort, à l'âge parfois où leur fils a le plus besoin des secours de la fortune, il meurt de misère, et cela au moment même souvent où les libraires, les éditeurs s'enrichissent. Gilbert est mort à l'hôpital, et chaque jour encore, on imprime les œuvres du poète !...

Récemment, une petite nièce de Corneille mourait aussi à l'hospice, après avoir exercé la profession de domestique pendant sa vie; et aujourd'hui un autre descendant de cette grande gloire de la France vit, chargé de famille, dans une misère qui est, au point de vue de notre législation sur la propriété, la condamnation la plus flétrissante de l'iniquité de nos codes.

Est-ce qu'on n'imprime plus Corneille?

Et cependant les Rohan, les Montmorency et cent autres familles plus ou moins historiques, ont transmis à leurs descendants, jusqu'à nos jours, leurs possessions territoriales, quelle qu'en fût l'origine.

« L'œuvre littéraire est toute personnelle, et constitue *la plus sacrée* de toutes les propriétés, » a écrit M. Horace Say.

M. Lamartine a dit également : « La propriété littéraire est surtout la fortune de la démocratie, la gloire et la noblesse de l'égalité. »

La France républicaine doit faire reconnaître à l'étranger le droit de la propriété littéraire; en France, la perpétuité de cette propriété : l'intelligence ne sera pas moins bien traitée que la matière ; la loi consacrera le principe de l'égalité, rien de plus, rien de moins.

L'association, sous ce rapport, ne saurait faillir à ses devoirs.

VI.

Conclusion.

Nous avons essayé d'exposer les principes qui devaient guider dans la recherche des moyens de sortir de la situation désastreuse que l'antagonisme a faite aux arts et aux artistes.

Nous avons ensuite marqué le but où doivent tendre nos communs efforts.

Enfin, après avoir examiné nos ressources, énuméré nos espéranc s, nous avons cherché à les harmonier, de telle sorte que les déshérités de l'art puissent trouver leur place dans la société nouvelle sans toucher aux droits antérieurs de ceux qui les ont glorieusement précédés dans la carrière.

Les espérances que nous avons formulées, les moyens qus nou avons invoqués sont ceux que tous les producteurs, qui veulent vivre en travaillant, réclament pour la génération présente : L'ASSOCIATION et LA SOLIDARITÉ.

Parmi les nombreuses autorités que nous pourrions invoquer à l'appui de nos propositions, nous n'en citerons qu'une, et des moins suspectes d'utopie.

L'abbé Sièyes écrivait dès 1789 : « . . . . . L'association est un des moyens inspirés par la nature pour atteindre le bonheur : *c'est le complément de l'ordre naturel.*

« *L'objet de l'association est le bonheur de tous les associés :* c'est, non de dégrader et d'avilir, mais d'ennoblir et de perfectionner ; c'est non d'affaiblir et de réduire les moyens de chacun, mais de les agrandir et de les multiplier.

« L'état social n'établit donc pas une injuste inégalité de droits à côté de l'inégalité naturelle des moyens ; au contraire, il protége l'égalité des droits contre l'influence naturelle, mais nuisible, de l'inégalité des moyens.

« La loi sociale n'est point faite pour affaiblir le faible et fortifier le fort, mais au contraire pour protéger le faible contre le fort, et pour lui garantir la plénitude de ses droits.

« Dans l'état de nature, l'homme n'a pas le droit de nuire à un autre, et par conséquent d'avoir du superflu quand un autre n'a pas le nécessaire.

« L'art de faire sortir tous les biens possibles de l'état de société est le premier et le plus important des arts.

« Une association ainsi combinée pour le plus grand bien de tous sera le chef-d'œuvre de l'intelligence et de la vertu.... »

Ainsi que nous l'avons dit plus haut, les artistes sont les sentinelles avancées de l'humanité ; c'est à eux qu'il appartient de marcher les premiers vers le but qu'avaiet déjà entrevu nos pères.

Quelque déplorable que soit la situation, le monopole seul doit périr, et c'est lorsque ses partisans désespèrent, que ceux qui en ont le plus souffert ont le droit de tout espérer.

Au milieu de toutes ces ténèbres politiques jetées sur le pays par d'impitoyables ou de cupides ambitions, l'esprit public a besoin d'une direction patriotique et désintéressée. Les journaux, quoi qu'en ait dit un des fondateurs de la République, ne doivent plus représenter des individualités s'annihilant l'une par l'autre. Les individualités ne sont que la personnification des idées, et la République ne saurait avoir besoin de l'anarchie dans les idées pour régner. Les journaux seront donc chez nous une collectivité d'idées tendant au maintien de la République par l'application incessante de son triple dogme.

D'un autre côté, une littérature vivace et féconde est appelée à se produire; l'art tout entier veut se régénérer. Les théâtres, eux aussi, doivent se réorganiser sur de nouvelles bases. Les arts doivent être vraiment libéraux. La littérature surtout, pour être grande et pure, ne doit plus avoir le mercantilisme pour but unique. Elle doit être œuvre de la nation, et tendre à cette fin que la jouissance en devienne facile et fructueuse pour tous.

Mais il faut que l'art soit entouré de toutes les garanties possibles, pour qu'aucune influence de nom ou de succès acquis ne puisse peser sur le jugement d'une production, et que toute capacité ait la place qui lui appartient. L'art ainsi s'élèvera bientôt à sa véritable hauteur et le mérite seul aura la suprématie.

Pour nous, nous ne nous dissimulons pas combien nous sommes restés au-dessous de la tâche que nous nous sommes imposée; mais nous avons pensé qu'on nous tiendrait compte de nos efforts et surtout de nos intentions, en nous voyant tenir haut et ferme le drapeau de la Fraternité, à une heure où se relèvent tous les égoïsmes courbés par la Révolution, où clament toutes les imbécillités fatales, qui les servent.

Que les camps se dessinent !

Les puissans par l'or, les égoïstes, les dupes d'une part, soit !

Les hommes de cœur, d'intelligence et de dévouement de l'autre.

Artistes, littérateurs, typographes, vous tous pour qui l'art est à la fois un culte et une fonction,

Choisissez !

A. BOURDON.   E.-A. MAYER.

FIN.

Paris. — Imprim. Maistrasse et comp., place du Chevalier du Guet, 5.

156

www.ingramcontent.com/pod-product-compliance
Lightning Source LLC
LaVergne TN
LVHW050436060726
842526LV00007B/2630